Siegel der Gemeinde

Friedrichstadt

1750 - 1807

Bibliografische Information der Deutschen Bibliothek:

Die Deutsche Bibliothek verzeichnet diese Publikation in der Deutschen Nationalbibliographie; detaillierte bibliografische Daten sind im Internet über< http://dnb.ddb.de >abrufbar.

Impressum

© 2014 by CM Groß   2. Auflage

Gestaltung: CM Groß & BoD

Autoren: CM Groß, Erich Riedel

Herstellung und Verlag: BoD - Books on Demand, Norderstedt

ISBN 9783738604566

Die Dresdner - Friedrichstadt in alten Ansichten

Friedrichstadt –
ein vergessener Dresdner Stadtteil …

Die Stadt Dresden besteht bereits über 800 Jahre.

Aber auch die Friedrichstadt ist in der Ersterwähnungsurkunde von Dresden, vom 31. März 1206 enthalten, als „Dorf Ostrov".

Das im Jahr 1560 durch Kurfürst August gegründete Vorwerk (Kammergut) Ostra, zur Versorgung des Hofes in Dresden, bestand bis 1917.

Die Ostraer Gasse (älteste Straße), wurde ab 1732 Brückenstraße genannt, da zur heutigen Maxstraße bereits im 16. Jahrhundert eine hölzerne Brücke über die Weißeritz führte.

Zu Ehren des Kurfürsten Friedrich August I. erhielt dieser Stadtteil ab 1730 seinen Namen „Friedrichstadt". Die 1645 erbaute Steinbrücke wurde 1830 in „Friedrichsbrücke" und die Straße in „Friedrichstraße" umbenannt.

Die Eingemeindung der „Friedrichstadt" zur Stadt Dresden erfolgte im Jahr 1835.

Die Dresdner - Friedrichstadt
auf alten Postkarten

Bereits im Jahr 1865 erschienen die ersten Postkarten auch „Korrespondenzkarten" genannt, für kurze Mitteilungen, zunächst ohne Bilder. Wenige Jahre später gab die Deutsche Reichspost Ansichtskarten mit Abbildungen heraus. Das Versenden dieser Postkarten wurde immer beliebter und bereitete den Absendern und Empfängern vergnügen.

Die Bildpostkarten sagten den Empfängern mehr aus, wie jede nur mündliche Beschreibung. Für Mitteilungen blieb sehr wenig Platz, deshalb kritzelte der Absender seine, zum Teil recht witzige Bemerkung für den Empfänger, auf der Bildseite ein. Die Bildpostkarte war eine geniale Erfindung für Eilige und Schreibfaule.

Dem Versand der Bildpostkarte ist auch die Beliebtheit Dresdens und der Friedrichstadt, als Reiseziel zu verdanken. Neben dem meist abgebildeten Ensemble der Elbfront, mit Brühlscher Terrasse, Frauenkirche, Schloss, Katholischen Hofkirche, Zwinger und Semperoper, macht auch die Orientalische Tabak -und Cigaretten-Fabrik „Yenidze", auf mehr Dresdner Sehenswürdigkeiten neugierig.

Unser kleiner Rundgang durch die Friedrichstadt, im Wandel der Zeiten, beginnt in der Schäferstraße. Er führt über die Weißeritzstraße an der, von 1893 bis1895, teilweise über dem Flussbett der Weißeritz errichteten Groß- und Hauptmarkthalle vorbei, bis zum Bahnhof Wettinerstraße und weiter über die Weißeritzstraße zur Kristalleisfabrik und Kühlhalle an der Friedrichstraße/Ecke Weißeritzstraße. Dahinter liegt das Wahrzeichen der Friedrichstadt, die „Orientalische Tabak- und Cigaretten-Fabrik Yenidze".

Wir widmen unsere Aufmerksamkeit den Vereins- und Bürgerhäusern in der Friedrichstraße (linke Seite) und den Straßenbahnen im Wandel der Zeiten. Namhafte Persönlichkeiten besuchten, lebten und wirkten in der Friedrichstadt.

Auf der Friedrichstraße 5 wohnte als Student Johann Wolfgang von Goethe, im März 1768, beim Schuhmacher Hauck. Napoleon erholte sich im Sommer des Jahres 1813, im Palais des Grafen Marcolini. Hier wohnte in den Jahren 1848-49 Richard Wagner. Das Gebäude Friedrichstraße 44 ist gleichwohl das Geburtshaus des Malers und Grafikers Ludwig Richter. Im Nachbargebäude wirkte 30 Jahre lang der Dampflokomotivenprofessor, Johann Andreas Schubert.

Das Marcolinie Palais wurde im Jahr 1849 Krankenhaus, die ersten Patienten waren die Verletzten des gescheiterten Maiaufstands. Im Areal des Krankenhauses ist der Neptunbrunnen, der größte Barockbrunnen von Dresden. Die Matthäuskirche und der Friedhof schließen sich dem Ensemble des Krankenhauses an. Auf dem Innere ev. Matthäusfriedhof fanden viele Persönlichkeiten des öffentlichen Lebens der Stadt Dresden ihre letzte Ruhestätte. In der Gruft der Matthäuskirche wurde der Erbauer des Zwingers, der Architekt Matthäus Daniel Pöppelmann (1662-1736) beigesetzt. Visavis des Krankenhauses befindet sich der Inneren kath. Friedhof, auf dem katholische Würdenträger und Persönlichkeiten beigesetzt wurden, darunter Carl Maria von Weber.

In den „Wettiner Säle" (Keglerheim) und „Krystall Palast", fanden die Dresdner Geselligkeit und Abwechslung.

Das Ostra Gehege lud zu einem ausgedehnten Spaziergang zum König-Albert-Hafen sowie den „Dresdner Städtischen Vieh-und Schlachthof" ein. Der 64 m hohe Turm, der 1912 / 13 erbauten Bienert Hafenmühle, erhebt sich auf der

Waltherstraße. Auf der Waltherstraße 9 - 11 wurde bereits 1926, eine 110 x 110 m große Halle als Straßenbahnhof, mit einer mehrschiffigen Spannbetonkonstruktion, errichtet.

An der Waltherbrücke befanden sich die „Königlich sächsischen Staatsbahnwerkstätten"(Friedrichstädter Bahnhof). Unser Weg führt uns weiter zur Vorwerkstraße, Hohenthalplatz, dem Denkmal von Ernst Rietschel, des Königs Anton von Sachsen, des Gütige, 1755-1836 und der Adlergasse.

In der Seminarstraße befindet sich das Älteste noch erhaltene, im Betrieb befindliche Schulgebäude, die 48. Volksschule. Unser Rundgang endet wieder auf der Schäferstraße.

Inhaltsverzeichnis

Lageplan	*9*
Schäferstraße	*11*
Weißeritzstraße	*13*
Bahnhof Wettinerstraße	*15*
Kristalleisfabrik und Kühlhalle	*17*
„Yenidze"	*21*
Friedrichstraße	*23*
Marcolini Palais	*29*
Stadtkrankenhaus	*30*
Neptunbrunnen	*32*
Matthäuskirche und Friedhof	*34*
Kammergut Ostra	*36*
Bienerts Hafenmühle	*39*
König-Albert-Hafen	*40*
Städtischer Vieh-und Schlachthof	*41*
Ostra Gehege	*43*
Waltherstraße	*45*
Kaserne des II. Rekr.-Deports	*46*
Kgl. sächs. Staatsbahnwerkstätten	*48*
Freimaurer-Institut	*53*
Autorenvita	*57*

Ein kleiner Rundgang durch die „Historische" Dresdner – Friedrichstadt, im Wandel der Zeiten.

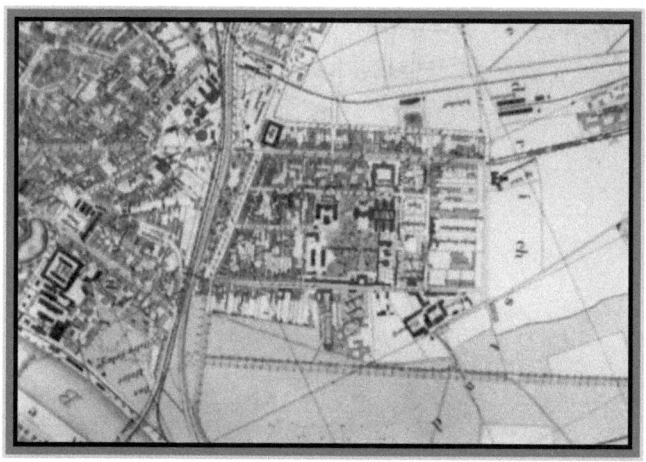

Lageplan

Unser Rundgang beginnt an der Hauptmarkthalle (Schäferstraße).

Um nach der Friedrichstadt zu gelangen, war der Zugang an dieser Stelle nur über eine Weißeritzbrücke (Stiftsbrücke), von der Wettiner Straße, möglich.

Ölbild: Stadtmuseum Dresden 1937, nach einer Aufnahme von 1890.

Aufnahme: um 1920

Eingangstor zur Friedrichstadt über die Wettiner Straße (Schweriner Straße).

Schäferstraße

Beginn der Schäferstraße mit der alten Schäferei aus dem 17. Jahrhundert, Abbruch 1903/04.

Aufnahme um 1905

Apotheke (links) Schäfer-/Ecke Löbtauer Straße.

Die Wohn- und Geschäftshäuser der Schäferstraße haben den 2. Weltkrieg teilweise, bis zur Sprengung im Jahre 1989, überstanden, um für weitere Platten-bauten Platz zu schaffen.

Schäferstraße um 1920

Weißeritzstraße

Aufnahmen um 1900

Weißeritzstraße mit Hauptmarkthalle.

Erbaut: 1893 – 95, zerstört: 1945 (teilweise)

Aufnahme: um 1900

Weißeritzstraße im Kreuzungsbereich mit der Schäferstraße, mit Blick zur künftigen Eiskristall-fabrik und Yenidze.

Radierung: 2. Hälfte 18. Jahrhundert vom Prospekt der Friedrichstädter Allee, 1744 wurden Kastanienbäume in dreifacher Reihe gepflanzt, ab 1790 Weißeritzstraße.

Aufnahme: von 1920,

Hauptmarkthalle mit Umgebung und dem seit 1850 errichteten Bahndamm.

Aufnahme: um 1890

Weißeritzverlauf entlang des Eisenbahnviaduktes, (ab 1862 – „Am Viadukt").

Bahnhof Wettinerstraße

Aufnahme: um 1900

Errichtet: 1894-97

In der Parkanlage am Wettiner Bahnhof befand sich das Denkmal für König Anton, den Gütigen.

Nach der Weißeritz - Verlegung und dem Bau der Hauptmarkthalle erfolgte die Umsetzung des Denkmales von König Anton nach dem Marktplatz (Hohenthalplatz).

Aufnahme: um 1900

Aufnahme: 1911

Weißeritzstraße noch mit vorhandenen Kastanienbäumen um 1744.

Kristalleisfabrik und Kühlhalle

Das im Jahr 1911 erbaute Eishaus befand sich auf der Magdeburger Str. 1/Ecke Weißeritzstraße.

Aufnahme: um 1996

Blick zur Eiskristallfabrik

Die Eiskristallfabrik wurde 1945 zerstört und 1951 anlässlich des ersten Fünfjahresplanes wieder aufgebaut, sie bekam ein Relief.

Im Jahr 2005 wurde das Eishaus abgerissen, um einem Parkhaus für Pkws Platz zu schaffen.

Neubau: Parkhaus 2006, Hotel 2008

Ruinenreste der Eiskristalleisfabrik um 1996.

Die Weißeritzstraße verläuft weiter durchgehend bis zur Yenidze.

Häuserreihe Friedrichstraße 2-6 am 18.06.1910, kurz vor dem Abbruch für den Neubau der Eiskristalleisfabrik.

Ölbild: Stadtmuseum, Dresden 1937

Zustand: 1890

Die Weißeritzbrücke (Friedrichsbrücke), an der Friedrichstraße, bestand bereits im 16. Jahrhundert.

Die Weißeritz verursachte mehrfach in der Friedrichstadt Hochwasser.

Weißerritzstraße 1890

Weißeritzstraße 1958, trotz der Umverlegung der Weißeritz nach Cotta, suchte sich die Weißeritz das alte Flussbett wieder.

„Yenidze"
Orientalische Tabak- und Cigaretten-Fabrik

Aufnahme: um 1908

Zerstört: 1945 (teilweise)

Sanierung: um 1996

Am Ende der Weißeritzstraße, der ehemaligen Mündung der Weißeritz zur Elbe, befindet sich die „Yenidze", Weißeritzstraße 3.

Blick von der Könneritzstraße über den Bahndamm zur Yenidze.

Friedrichstraße

Aufnahme: um 1935

Linie 2 mit Hechtwagen, Einfahrt in die Friedrichstraße, mit Blick zur Bienertmühle.

Aufnahme: um 1925

Friedrichstraße (linke Seite), mit Blick zur Matthäuskirche.

Aufnahme: um 1931

Friedrichstraße 5 - hier wohnte Goethe, als Leipziger Student, im März 1768, beim Schumacher Hauck.

Zerstört: 1945

Aufnahme: um 1900

Friedrichstraße 12, Ball-, Conzert- und Theater Etablissement „Wettiner Säle" Keglerheim.

Erbaut: 1895, zerstört: 1945

Innenaufnahme vom Wettiner Saal.

Geburtshaus des Malers und Grafikers Ludwig Richter, Friedrichstraße 44, das Wohnhaus wurde 1772 und das Gartenhaus 1825 erbaut.

Aquarell v. Otto Schneider (1898)

Friedrichstraße 46, erbaut 1841/42.

Wohnhaus des Konstrukteurs und Hochschullehrers, Hofrat Prof. Johann Andreas Schubert.

Aufnahme 1913

Das königlich kath. Krankenstift von 1747 wurde am 13. Febr. 1945 total zerstört, im Jahr 2000 erfolgte der Wiederaufbau des Stiftes.

Kath. Krankenstift mit Pfarrkirche St. Michael seit 1823, Zugang auch von der Magdeburger Straße 33.

Aufnahme: 1991

Das Pöppelmann Haus, erbaute der Architekt 1730 für seinen Sohn, den Hofmaler Johann Adolph Pöppelmann.

Aufnahme von 1910, Friedrichstraße 52,

Rückseite des Hauses, eines der größten Laubenganghäuser (Prototyp), Verglasung der Laubengänge um 1930.

Marcolini Palais

Friedrichstraße 41, Marcolini Palais seit 1675, ab 1774 begann eine wechselvolle Bau- und Besitzergeschichte.

Tuschzeichnung um 1800

Napoleon Zimmer im rechten Flügel des Marcolini Palais. Im Sommer des Jahres 1813 erholte sich Napoleon in der Friedrichstadt, im Palais des Grafen Marcolini, von seiner Schlacht, kurz darauf musste er in Leipzig kapitulieren.

Stadtkrankenhaus
Dresden - Friedrichstadt

Aufnahme: um 1896

Hier wohnte in den Jahren 1848/49 Richard Wagner.

Das Marcolini Palais wurde im Jahr 1849 Krankenhaus, die ersten Patienten waren die Verletzten des gescheiterten Mai Aufstandes.

Aufnahme: um 1900

Blick zum Anatomie-/Pathologiegebäude im Krankenhauskomplex an der Friedrichstraße.

Aufnahme: um 2000

Nach der erfolgreichen Sanierung und den Neubau verschiedener Gebäude im „Städtischen Klinikum Dresden – Friedrichstadt".

Neptunbrunnen

Aufnahme: um 1910

Der Neptunbrunnen im Areal des Krankenhauses ist der größte Barockbrunnen in Dresden, diese bedeutende Brunnenanlage stammt aus dem 18. Jahrhundert.

Die 48 Meter breite Brunnenanlage gleitet in eine dreigeschossige Kaskade. Im Mittelpunkt steht ein Muschelwagen, der von zwei Hippokampen gezogen wird. Auf ihm steht Neptun, neben ihm sitzt seine Gattin Amphitrite.

Den Wagen lenken ein Nereide und der Zephir. Ein Triton bläst vor der Gruppe sein Muschelhorn. Auf den Postamenten links und rechts lagern die Flussgötter der Antike. Rechts der Nil und links der Tiber.

Friedrichstraße 56

Das Eingangstor zur fürstlichen Menagerie um 1740.

Aufnahme: ca. 1950

Das Eingangstor wurde im Jahr 1903 Haupteingang, zur 1833 gegründeten „Dresdner Preßhefen- und Korn-Spirituosenfabrik J. I. Bramsch"(vormals Dursthoff ab 1820).

Abriss: 2005

Matthäuskirche und Friedhof

Auf der Friedrichstraße befindet sich der älteste Gottesacker der Friedrichstadt, der Innere ev. Matthäusfriedhof, hier fanden viele Persönlichkeiten, des öffentlichen Lebens der Stadt Dresden, ihre letzte Ruhestätte.

In der Gruft der Matthäuskirche wurde der Erbauer des Zwingers, der Architekt Matthäus Daniel Pöppelmann (1662-1736) und Bauherr der Matthäuskirche beigesetzt.

Aufnahme: um 1900

Erbaut: 1728-1732, teilzerstört 1945

Wiederaufbau: 1965/1974

Straßenzug: Friedrichstraße 45 – 63

Aktienhäuser der „Gemeinnützigen Bauverein AG"
Gründung: 1886, erbaut: 1889 – 1902

Zerstört: 1945, Nr. 45 – 55 (einschließlich aller Hinterhäuser)
Ruinenreste: Nr- 57 – 63

Ein Gesamtüberblick auf die Aktienhäuser, einschließlich Hinterhäuser, Ostra - Vorwerk und Straßenbahnhof Waltherstraße.

Aufnahme: um 1930

Kammergut Ostra

(Ostra – Vorwerk) Friedrichstraße 60

Großer Innenhof

Im Jahr 1556 erwarb Kurfürst August das Dorf Ostra und baute 1568 ein Gut zur Versorgung des Hofes von Dresden.

Das Gut liegt unmittelbar an der Friedrichstraße.

Aufnahme: um 1906

Aufnahme: um 1906

Friedrichstraße 64, Hegerreiter-Haus

(Wohnhaus für den Verwalter des Ostra – Geheges)

Erbaut:1830 erbaut.

Portikus – Villa

Portikus Villa (Pächter des Ostragutes).

Errichtet 1835.

Bienerts Hafenmühle

Bienertmühle
Die Firma Bienert, deren Gründer zu den ersten Unternehmern Dresdens zählte, ließ 1912/13 eine moderne Hafenmühle am König-Albert-Hafen errichten. Den fünfachsigen Bau mit dem 65 Meter hohen Siloturm entwarfen William Lossow und Hans Max Kühne.

Waltherstraße. 2, erbaut 1912 / 13 mit Mühlen-gebäude, Silo und 64 m hohem Turm.

Aufnahme: 1998

Blick von der Hafenmühle auf die Waltherstraße und Friedrichstraße mit Ruinenresten der Aktienhäuser sowie der Matthäuskirche.

König-Albert-Hafen

Aufnahme: um 1928

König-Albert-Hafen (1891-95/96), mit Bienerts Hafenmühle und Blick ins Stadtzentrum.

Aufnahme: um 1915

König-Albert-Hafen, Magdeburger Straße 58, mit Blick nach Übigau.

Sanierung und Neugestaltung: um 2000.

Städtischer Vieh-und Schlachthof

Aufnahme: um 1915

Luftbild über dem König-Albert-Hafen mit Blick zur Schlachthofinsel.

Aufnahme: um 1915

Fliegeraufnahme von der Schlachthofinsel, mit dem vom Stadtbaurat Erlwein erbauten, „Städtischen Vieh-und Schlachthof" (1906 – 10). Auf 52 Hektar standen 68 Gebäude.

Ehemaliges Schlachthofhotel, Haupteingang zum „Städtischen Vieh-und Schlachthof" (rechts).

Aufnahme: um 1913

Blick auf Schlachthofinsel, die Eisenbahnverbindung zum Schlachthof wurde 2005 abgetragen.

Aufnahme: um 1913

Aufnahme: um 1913

Schlachthofbrücke über die Flutrinne zur Schlachthofinsel mit der Straßenbahn.

Ostra Gehege

Aufnahme: um 1900

Die „Pieschener Allee" besteht seit 1700 in Richtung Pieschen.

Gastwirtschaft Onkel Toms Hütte

Aufnahme: um 1900

Elb - Überfahrt bei Onkel Toms Hütte nach der Neustadt.

Aufnahme: um 1900

Onkel Toms Hütte, ein beliebtes Ausflugsziel an der Pieschener Allee.

Waltherstraße

Aufnahme: 1996

Waltherstraße 9-11, Straßenbahnhof errichtet 1926, Hallen 110 x 110 m mit einer mehrschiffigen Spannbetonkonstruktion.

Walther- Ecke Hamburger Straße.

Kaserne des II. Rekr.-Deports
vom 1. Ersatz-Batl. Schützen-Rgt. 108

Aufnahme: um 1900

Waltherstraße 26 Ehemaliges Friedrichstädter Lehrer-Seminar von 1866 – 1910, zerstört: 1945.

Aufnahme: um 1900

Berliner Straße / Ecke Waltherstraße,

„Blutiger Knochen" (Volksmund), Bellevue (Ballsaal und Restaurant), das Gebäude stand bereits 1895.

Aufnahme: um 1900

Abfahrt von der Waltherstraße in Richtung Bienertmühle. Verwaltungsgebäude, zentraler Güter- und Rangierbahnhof sowie Personenbahnhof Friedrichstadt.

Aufnahme: um 1900

Abgang zum Bahnsteig:

Personen Bhf. Friedrichstadt

Kgl. sächs. Staatsbahnwerkstätten
(Friedrichstädter Bahnhof)

Werkstättenbahnhof u. Reichsbahnausbesserungs-werk, in Richtung Hamburger Straße und Emrich- Ambroß- Ufer, teilzerstört 1945.

Aufnahme: um 1900

Der Ablaufbahnhof entstand durch den Erdmassenaushub, aus dem neuen Weißeritz-Bett und dem König Albert Hafen von 1891 – 95, später Bahnbetriebswerk DR/DB.

Aufnahme: 1999

Schäferstraße 45/47

Konzert u. Ball - Etablissement, „Krystall Palast", hervorgegangen aus dem Gasthof „Zum Elefanten".

Konzertsaal „Krystall Palast"

Zerstört: 1945, danach durch neue Wohnblocks, entlang der Schäferstraße 39 – 51, überbaut.

Schäferstraße 25

Laubenganghaus mit Stichbogenarkaden (1750), Sprengung im Sommer 1989.

Aufnahme: 1976

Straßenzug: Schäferstraße ab Nr. 46

in Richtung Hautmarkthalle

Aufnahme: um 1900

Hohenthalplatz

Hohenthalhaus (Amtskrankenhaus), 1779 von Minister v. Hohenthal - Königsbrück gestiftet, ab 1849 Altersheim, im Jahr 1928 wurde es nach Trachau, (Güntzheim) verlegt.

Gebäude am Hohenthalplatz 7

Gebäude um 1855, Pfarrhaus der Matthäuskirche am Hohenthalplatz, zerstört 1945, heute steht hier ein Schwesternheim.

Aufnahme: um 1890

Denkmal des Königs Anton von Sachsen (des Gütige) 1755-1836, von Ernst Rietschel, auf dem Hohenthalplatz.
Aufnahme: um 1970

Freimaurer-Institut

Das Freimaurer-Knaben-Institut befand sich, bis zum Abriss 1910, auf der Wachsbleichstraße / Ecke Institutsgasse.

Aufnahme: um 1910

Johann Andreas Schubert besuchte von 1821-24, als Zögling das Freimaurer-Knaben-Institut. Nach dem Tod von Pastor Richard übernahm er die Dirigentschaft, des Freimaurer–Knaben–Instituts, in der Dresdner Friedrichstadt.

Seminarstraße und Wachsbleichstraße

eminarstraße 11, Schulhaus 1785

Aufnahme: 1992

Schulhaus von 1785, Sanierung: 2000
Ältestes noch erhaltenes, im Betrieb befindliches
Schulgebäude, der 48. Volksschule, Seminarstr. 11.

Aufnahme: 1992

Knabenschulhaus von 1871 (direkt an der Straße), seit 2006
Schulmuseum.

XVII. Bezirksschule bzw. 17. Volksschule Wachsbleichstr. 6 (Baujahr 1881)

Aufnahme: um 1906

Aufnahme: 1992

Die Adlergasse wurde 1725 als „Neue Gasse" angelegt, seit 1840 trägt sie ihren jetzigen Namen.

In der Adlergasse 14 und 16 ist heute der Sitz des „Mehr Generationen Hauses", des Kulturvereins „riesa efau" sowie der IG „Historische Friedrichstadt" und die Gaststätte „Stadt Riesa".

Aufnahme: 1992

Aufnahme: um 1900

Unser Rundgang endet wieder im Kreuzungsbereich Schäfer-Ecke Weißeritzstraße (Hauptmarkthalle (links), an den Häusern der Schweriner-/Ecke Löbtauer Straße (rechts), mit einem Durchblick zur Jakobikirche.

Autorenvita

CM Groß,

Carla-Maria Groß

Dipl. Verwaltungswirtin (FH),

wurde 1949 in Dresden, auf der Maxstraße geboren. Sie besuchte in der Friedrichstadt, im Duckwitzhaus, den Kindergarten. Nach ihrer Ausbildung engagierte sie sich als Bürgermeisterin in Dresden-Weißig und als Leiterin des Abgeordnetenkabinetts in Dresden-Mitte.

Ausgezeichnet: Dresdnerin des Jahres 2000

2003/2004 Fernstudium "Kreatives Schreiben"

Hobbys: Camping, Filmbearbeitung und Malerei

CM Groß ist Autorin mehrerer historischer und autobiografischer Romane, mit einem starken Bezug zu ihrer Heimatstadt.

Folgende Bücher erschienen bei Bod:

Karl der Große und die böhmische Fürstin Libusa- Dresden Saga", "Mit Drazdan, dem ältesten Schutzengel von Dresden, durch die Stadtgeschichte", " Saxonia die erste deutsche Dampflokomotive", "Auf'n Hund gekommen", Vittoria Colonna, spirituelle Geliebte von Michelangelo und E-Books.

Erich Riedel

Erich Riedel wurde 1937 in Dresden – Friedrichstadt geboren, bis zum Bombenangriff am 13. Februar 1945 wohnte er in den „Aktienhäusern", Friedrichstr. 51 und besuchte die 48. Volksschule in der Seminarstraße 11. In der Nacht zum 14. Februar 1945 war er als Obdachloser auf der Flucht. Als Fachökonom engagierte er sich für die Interessen seiner Heimatstadt Dresden. Erich Riedel ist über 20 Jahre Mitglied der IG „Historische Friedrichstadt".

Die Interessengemeinschaft „Historische Friedrichstadt" versteht sich als Vertreter von Dresden Friedrichstadt, sie versucht die Geschichte und Geschichten des historischen Stadtgebietes aufzuarbeiten und der Bevölkerung nahe zu bringen.

Die IG besteht über 25 Jahre und setzt sich aus unterschiedlichen Berufsgruppen zusammen. Zur Vervollkommnung der wissenschaftlichen Dokumentation und zur Öffentlichkeitsarbeit sind die unterschiedlichsten Interessengebiete von Nutzen.

Für diese interessanten Aufgaben sucht die IGHF neue Mitstreiter. Vor allem Menschen, die vorzeitig aus dem Arbeitsleben ausgeschieden sind, können hier eine Möglichkeit zum Gedankenaustausch finden.

Neue Mitglieder und Gäste, die für den Dresdner Stadtteil: - Friedrichstadt- Interesse haben und mitarbeiten möchten, sind herzlich willkommen.

Kontakt: Erich Riedel (Vorsitzender)
📞 0351/ 2164291
E-Mail: IG_HF@web.de

Geschichtsnachweise

1. Ansichtskartensammlung der IGHF
2. Denkmale in Sachsen (Denkmaltopografie Dresden – Friedrichstadt)
3. Das Namenbuch der Straßen und Plätze im Westen der Stadt Dresden
4. Stadtlexikon Dresden

Siegel der Gemeinde
Friedrichstadt
1750 – 1807

Hinweis zu einem 2014 bei Bod verlegten Roman,
geschrieben von einer 87jährigen Dresdner Trümmerfrau

Dresdens verlorener Sohn

von Ruth Kopta

Anhand einer deutsch - englischen Familientragödie werden die Kriegsfolgen des 20. Jahrhunderts aufgegriffen.

Die Botschaft des Werkes zeigt den Machtkampf der unterschiedlichen Regime und deren Unversöhnlichkeit, darunter die Aggression des Hitlerregimes gegen die Rüstungsindustrie, die 1940 in Coventry auf Hochtouren arbeitete. In einem deutschen Blitzangriff wurden die Stadt Coventry und die Kathedrale zerstört.

Am 13.Februar 1945 zerstörten britische und amerikanische Bomber nur in 20 Minuten die historische Innenstadt von Dresden.

Angeblich waren diese Angriffe den Russen, die bereits vor den Toren von Dresden standen, in Jalta versprochen worden, wofür die Beweise bis heute fehlen. Churchill gab später zu, mit der völligen Zerstörung der Stadt, den Russen die Kampfkraft der westlichen Alliierten dokumentiert zu haben. Strategisch war der Angriff sinnlos, alle Eisenbahnbrücken blieben unzerstört. Dafür starben im Bombenhagel unschuldige Bürger der Stadt, Tausende von Flüchtlingen und unschätzbare Kulturgüter.

Die Kathedrale von Coventry wurde mit deutscher Hilfe „Aktion Sühnezeichen" von 1956 nur innerhalb von 16 Jahren wieder aufgebaut und gehört zu den legendären Stätten der Menschheit.

Hingegen der Aufbau der Dresdner Frauenkirche erfolgte erst nach dem Fall der Mauer. Mit dem Aufsetzen des Turmes im Jahr 2004 gehörte das Elbtal um Dresden zum Weltkulturerbe, das die Stadt durch den Bau der Waldschlösschenbrücke 2009 wieder verlor.